AF555754

CATALOGUE
DE TABLEAUX,
DESSINS, ESTAMPES,
LIVRES D'ARCHITECTURE
ET OBJETS DE CURIOSITÉ

DU CABINET

DE FEU PIERRE-HIPPOLYTE LEMOYNE,
ARCHITECTE;

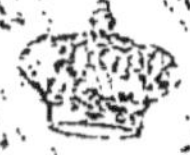

PAR DUCHESNE AÎNÉ.

La Vente aura lieu le Lundi 19 Mai et jours suivans, grande Salle de l'Hôtel Bullion, rue J.-J. Rousseau.

Il y aura exposition le Dimanche 18, et chaque jour de vente, depuis midi jusqu'à 4 heures.

LE CATALOGUE SE DISTRIBUE, A PARIS,

CHEZ M. LÉTOFFÉ, Commissaire-Priseur, rue Montmartre, N.o 95.

1828.

De l'Imprimerie d'Ad. Moëssard.

NOTICE

SUR

PIERRE-HIPPOLYTE LEMOYNE.

PIERRE HIPPOLYTE LEMOYNE, héritier d'un nom celèbre, vient d'être enlevé aux arts et à ses amis

Architecte-Inspecteur des bâtimens de la Couronne, il s'était rendu recommandable par ses vertus, ses talens personnels et une conduite toujours irréprochable. Son zèle et son desintéressement dans les fonctions publiques qui lui furent confiées, quelque délicates et épineuses qu'elles fussent, lui ont acquis des droits à la reconnaissance; aussi mérita-t-il l'estime et la considération particulières du Roi et de toutes les personnes qui le connurent ou sous lesquelles il se trouva placé dans la carrière des arts.

Lemoyne était fils de J.-B. Lemoyne, ancien Directeur de l'Académie de peinture et de sculpture, dont les Ouvrages furent très-recherchés et qui fut honoré de la bienveillance de Louis XV, au point que ce Prince daigna faire tenir en son nom, sur les fonds de baptême, la dernière de ses filles. En mémoire et en reconnaissance des services rendus aux arts par cet Artiste célèbre, le Roi Louis XVI accorda sa protection au fils de cet habile sculpteur.

Héritier et possesseur des nombreux Dessins

originaux de J.-B. Lemoyne, et des Tableaux, Gravures et Sculptures qui ornaient son Cabinet, Pierre-Hippolyte, son fils, avait beaucoup augmenté cette Collection, que l'on présente aujourd'hui aux Amateurs, et dans laquelle ils trouveront des Morceaux très-curieux sous plusieurs rapports, tels qu'un Tableau de Le Sueur, représentant le Triomphe de Galathée; un de Boucher, dans lequel cet Artiste s'est représenté travaillant à son chevalet, et le pendant, par M. Pierre, où l'on voit J.-B. Lemoyne modelant le buste de Louis XV.

Parmi les Dessins, on pourra également remarquer plusieurs Compositions pleines d'esprit et d'intérêt.

La Sculpture offre plusieurs Bustes et Bas-Reliefs, dont l'un, très-capital, exécuté par Gaspard Marsy, représente la prise de Cambray sur les Espagnols, en 1677; enfin, parmi les Objets dits de curiosité, les Amateurs remarqueront un Cabinet très-bien conservé, avec sculptures en relief; des Porcelaines de la Chine, du Japon, et de vieux Sèvres; plusieurs Articles de numismatique et d'antiquités, dont nous n'avons pas eu le loisir de faire une description détaillée, mais qui, provenant en grande partie des ventes faites dans les environs de Versailles et de Saint-Germain, lieu de la résidence de M. Hippolyte Lemoyne, donneront une idée satisfaisante de son goût et de son amour pour les arts.

Les Livres présentent la réunion des meilleurs Ouvrages anciens et modernes sur l'Architecture.

ORDRE DES VACATIONS.

I.re VACATION. — *Lundi 19 Mai, le matin.*

MARBRES, TERRES-CUITES, PORCELAINES, etc. — N.os 309 à 314, 320 à 327.

II.e VACATION. — *Lundi 19 Mai, le soir.*

LIVRES. — N.os 259 à 308.

III.e VACATION. — *Mardi 20 Mai, le soir.*

DESSINS. — N.os 174 à 193.
ESTAMPES. — N.os 195 à 257.

IV.e VACATION. — *Mercredi 21 Mai, le soir.*

TABLEAUX. — N.os 71 à 109.
DESSINS. — N.os 110 à 162.

V.e VACATION. — *Jeudi 22 Mai, le soir.*

TABLEAUX. — N.os 1 à 70.
DESSINS. — N.os 163 à 173.
CURIOSITÉS. — N.os 315 et 316.

NOTA. L'Astérisque placé après les N.os indique les morceaux encadrés.

CATALOGUE.

TABLEAUX.

ÉCOLE D'ITALIE.

ORCAGNA.

1. Portrait du Dante, la tête ornée d'une couronne de laurier : Tableau peint sur bois. Il a été anciennement restauré. Haut. 21 pouces 1/2, larg. 16 p.

CARRACHE (Annibal), *né à Bologne en* 1560.

2. Paysage, sur le devant duquel on voit Silène présenté à Bacchus. Larg. 33 p., haut. 26 p.

ZAMPIERI (Dominique), *né à Bologne en* 1581.

3. Moyse sur le mont Horbel, les mains élevées : à mi-corps. Haut. 27 p., larg. 22 p. 6 l.

BERETTINI (Pierre), *né à Cortone, en* 1598.

4. La Madeleine assise près d'un rocher, sur lequel est posé un livre ouvert, avec une tête de mort. Haut. 38 p., larg. 29 p. 1/2.

RICCI, *vers* 1730?

5 Jésus-Christ remettant les clefs à saint Pierre. Haut. 2 p. 6 l., larg. 2 p. 4 l.

LE GUIDE (D'après).

6 La Vierge assise, tient sur ses genoux l'Enfant-Jésus endormi, et fait signe au petit saint Jean de ne pas faire de bruit; à droite est saint Joseph : composition de demi-figures. Quoique ce tableau soit une copie, il mérite d'être remarqué. Larg. 2 pieds 11 p., haut. 2 pieds 6 p.

CASTIGLIONE ('après BENEDETTE).

7. Adoration des Bergers : à gauche est la Vierge à genoux, pressant l'Enfant-Jésus contre elle. Haut. 26 p., larg. 20 p.

ÉCOLE DE BOLOGNE.

8. Le Christ au tombeau, accompagné de la Vierge, la Madeleine, saint Jean, Nicodême et Joseph d'Arimathie. Ce Tableau a été attribué au Tintoret. Sur pierre de touche. Haut. 11 p. 4 l., larg. 8 p. 1/2.

ÉCOLES FLAMANDE ET HOLLANDAISE.

WITTE (Pierre de), *dit* CANDIDE, *né à Bruges en* 1548.

9 Composition allégorique, dans laquelle plusieurs femmes nues forgent un cœur qu'un amour tient sur l'enclume : à gauche, d'autres amours préparent des flèches. Ce Tableau a souffert dans plusieurs parties. Haut. 3 pieds 2 p., larg. 2 pieds 10 p.

BREUGHEL (Jean), *né à Bruxelles vers* 1575.

10 Vue d'un village de Hollande, au milieu duquel passe une rivière, dont les bords sont animés par un grand nombre de personnages. Sur bois. Larg. 17 p. 1/2, haut. 14 p.

11. Près d'un Village entouré d'arbres, se voient plusieurs charrettes et bestiaux, avec un assez grand concours de monde. Larg. 21 p., haut. 14 p.

12. Vue d'une Campagne très-étendue, dans laquelle serpente une rivière : dans le fond une ville avec un clocher pointu. Sur bois. Haut. 17 p. 1/2, larg. 14 p.

RUBENS (PIERRE-PAUL), *né à Cologne en* 1577.

13. L'Orage : au milieu d'un paysage dont le ciel est sillonné par la foudre, on voit plusieurs gens ivres qui ont peine à se conduire. Sur bois. Larg. 14 p. 6 l. haut. 11 p. 1 l.

RUBENS (Par VAN UDEN, d'après).

14. Paysage, sur le devant duquel, à droite, on voit une scène du cataclisme auquel échappèrent Philémon et Baucis, que l'on aperçoit à droite, avec Jupiter et Mercure. Sur cuivre. Larg. 14 p., haut. 12 p.

HONTHORST (GÉRARD), *né à Utrecht en* 1592.

15. Un Homme jouant de la flûte : demi-figure. Sur bois. Haut. 28 p., larg. 23 p.

FRANCK (FRANÇOIS), *né à Anvers en* 1580.

16. Le Calvaire : au pied de la croix est la Madeleine; à gauche, un groupe des saintes Femmes et saint Jean; à droite, un officier sur un cheval blanc, et plusieurs soldats. Sur bois. Larg. 23 p. 9 l., haut. 18 p. 1/2.

THULDEN (THÉODORE VAN), *né à Bois-le-Duc en* 1607.

17 Le Christ mort, peint en grisaille, dans le goût de Van Dyck.

PETERS (BONAVENTURE), *né à Anvers en* 1614.

18. Fragment d'une Marine, où plusieurs bâtimens sont tourmentés par la tempête. Sur bois. Haut. et larg. 6 p. 8 l.

BÉGA (CORNEILLE), *né à Harlem en* 1620.

19. Une Femme assise et donnant à téter à un enfant;

près d'elle est un homme qu'elle paraît écouter. Sur bois. Haut. 8 p., larg. 6 p.

HAGEN (JEAN VAN), *né à La Haye vers* 1630?

20. Plusieurs personnes, dans un cabaret, témoignent leur surprise de la violence que veut exercer un jeune homme debout tenant une jeune fille entre ses bras. Sur bois. Haut. 12 p., larg. 10 p.

LAIRESSE (GÉRARD), *né à Liège en* 1640.

21. L'Amour de l'étude, composition allégorique dans laquelle un homme assis paraît méditer sur sa lecture; près de lui est le genie de l'étude avec un flambeau allumé, et qui semble repousser des figures chimériques. Larg. 17 p., haut. 14 p.

22. Le Pendant, dans lequel l'homme est endormi au milieu des sujets de ses méditations, et voit en songe plusieurs figures chimériques. Larg. 17 p., haut. 14 p.

TICLEDEN (VAN), *vers* 1680.

23. L'Annonciation : le haut de la chambre est ouvert, et laisse voir une gloire céleste. Sur cuivre. Haut. 2 pieds, larg. 1 pied 6 p.

24. L'Adoration des Mages : la Vierge est à gauche, présentant l'Enfant-Jésus à l'un des mages qui est à genoux au milieu du devant. Sur cuivre. D'après Rubens. Haut. 2 pieds, larg. 1 pied 6 p.

25. Le Calvaire : au pied de la croix la Vierge évanouie est secourue par saint Jean et l'une des saintes Femmes; une autre est debout, à droite, sur le devant. Sur cuivre. D'après Paul Véronèse. Haut. 2 pieds, larg. 1 pied 6 p.

BREKLINCAMP (QUENTIN VAN), *vers* 1660.

26. Hermite assis, écrivant sur un gros livre qu'il tient

sur ses genoux : à gauche est un crucifix, une tête de mort et quelques autres objets. Sur bois. Haut. 2 pieds 11 p. 1/2, larg. 1 pied 5 p. 1/2.

HUISMAN.

27 Paysage avec rocher et une chute d'eau : sur le devant une femme traverse l'eau avec son troupeau. Sur bois. Larg. 1 pied 8 p., haut. 1 pied 5 p.

BOUC (P. VAN).

28 Quatre Tableaux représentant différens oiseaux, paons, perdrix, etc. Ces tableaux ont servi de dessus de porte ; les angles du haut sont coupés, et ceux du bas sont chantournés. Larg. 3 pieds 6 p., haut. 2 pieds 10 p.

MORMELS ?

29. Vue d'un Canal couvert de glace : à droite quelques fabriques ; à gauche, sur le devant, plusieurs personnes réunies auprès d'un feu : effet de neige. Larg. 28 p., haut. 20 p.

KESSEL (J. VAN).

30. Plusieurs Oiseaux aquatiques sur les bords de la Meuse : dans le fond une ville, et plusieurs bâtimens venant de la haute-mer. Sur cuivre. Larg. 8 p. 10 l., haut. 6 p. 1/2.

31. Plusieurs Quadrupèdes et Oiseaux, parmi lesquels on remarque un ara et un héron. Sur cuivre. Larg. 10 p. 3 l., haut. 7 p.

VANDEN VELDE.

32 Deux Bâtimens fortement battus par la tempête ; dans le fond, à droite, on en voit un troisième. Larg. 2 pieds 4 p., haut. 1 pied 8 p.

MONTEYNE (J.-B.).

33. Deux Scènes familières: l'enfant nouveau-né et le retour du baptême. Larg. 21 p., haut. 18 p.

MICHAUX.

34. Vue d'un Village, où se voit une partie d'eau traversée par des bestiaux: à droite, sur le devant, une famille se reposant. Larg. 20 p. 1/2, haut. 15 p. 1/2.

TRAUTMANN (G.).

35. Deux Incendies de village. Larg. 18 p., haut. 15 p.

BURCK (VANDER), *mort à Paris en* 1803.

36 Joli Paysage, dans lequel deux femmes au bain sont surprises par un homme en partie caché dans un buisson: dans le fond quelques montagnes. Larg. 1 pied 10 p., haut. 1 pied 2 p.

HULSDOM.

37 Fleurs et Fruits groupés avec des vases de verre et de porcelaine. Haut. 21 p. 1/2, larg. 15 p. 1/2.

MAITRES DIVERS.

38 Deux Portraits, regardés comme étant ceux de Gomar et d'Arminius, théologiens protestans en Hollande. Sur bois. Haut. 6 p. 1/2, larg. 5 p.

39. Un Homme assis sur un banc de bois, tenant sa pipe à la main, et causant avec une femme assise près de lui.

40. Plusieurs Personnes âgées ou infirmes, près de la porte d'un hôpital de Hollande. Sur bois. Haut. 28 p., larg. 21 p.

41. Une Campagne très-étendue, dans laquelle se voient plusieurs villes. Sur bois. Larg. 21 p., haut. 13 p.

ÉCOLE FRANÇAISE.

POUSSIN (D'après).

42 Ravissement de saint Paul, très-jolie copie de la même grandeur que le tableau original. Haut. 16 p., larg. 11 p. 9 l.

CHAPRON (NICOLAS), *né à Châteaudun en* 1596.

43 Triomphe de Louis XIV, composition allégorique, dans laquelle le Roi est assis sur un char, précédé de la figure de la France victorieuse, et poursuivant ses ennemis; près du char sont placées des figures allégoriques, représentant le Commerce, la Navigation, l'Abondance, la Religion et les trois Vertus théologales; au-dessus se trouvent la Renommée et la Victoire. Larg. 4 pieds 8 p., haut. 2 pieds 2 p.

BLANCHARD (JACQUES), *né à Paris en* 1600.

44. La Vierge assise, tenant l'Enfant-Jésus debout sur ses genoux : devant elle est saint Jean. Haut. 31 p., larg. 24 p.

MAUPERCHÉ (HENRI), *né à Paris en* 1602.

45 Paysage composé, orné de monumens antiques : l'un d'eux paraît être le temple de Jupiter-Stator à Rome. Larg. 12 p. 1/2, haut. 8 p.

HIRE (LAURENT DE LA), *né à Paris en* 1606.

46 Saint Philippe baptisant l'Eunuque de la Reine d'Ethiopie : très-joli Tableau. Haut. 2 pieds 9 p., Larg. 2 pieds 3 p.

47 Sainte-Famille en demi-figures : la Vierge est assise sur le devant ; saint Joseph est debout, à droite, et lisant. Sur cuivre. Haut. 11 p. 4 l., larg. 8 p.

MIGNARD (Pierre), *né à Troyes en* 1610.

48. Portrait de Camille de Lorraine, fils de Louis, mort en 1719. Ovale. Haut. 29 p., larg. 22 p. — Autre Portrait du Bailli de Lorraine, quatrième fils de Louis.

SUEUR (Eustache LE), *né à Paris en* 1617.

49 Le Triomphe de Galathée, composition de cinq figures, dans laquelle la nymphe est assise sur un dauphin, s'appuyant d'une main sur un triton, et de l'autre sur une naïade : un amour essuie l'un de ses pieds, un autre dirige le dauphin. Ce Tableau, très-curieux et sans aucune restauration, paraît être des premiers temps du maître, et a quelque rapport avec la manière de Vouet. Larg. 2 pieds 9 p., haut. 2 pieds 8 p.

Suivant la tradition de la famille, qui l'a toujours possédé, il fut donné par Le Sueur lui-même à l'aïeul de J.-B. Lemoyne, sculpteur du Roi ; à la mort de celui-ci, il fut compris dans le Catalogue de son Cabinet, rédigé par Le Brun en 1778, et fut alors acquis par celui de ses fils qui vient de mourir.

BRUN (Charles LE), *né à Paris en* 1618.

50 Saint Pierre, accompagné de plusieurs Apôtres, impose les mains aux sept Diacres. Au dos est, en écriture du temps, l'inscription suivante : EN 1686 L'ESGLISE DE SAINT-PIERE DE CHOISY A ÉTÉ DESTRUITE LE 14 DE FÉURIER, M. IEAN PETIT ÉTANT PRIEUR DEPUIS 1656 JUSQU'A CE JOUR. 5 pieds carrés.

BAUGIN (Lubin), *né à Paris vers* 1630.

51 La Vierge tenant l'Enfant-Jésus : joli Tableau très-

précieusement fini. Sur cuivre. Haut. 8 p. 4 l., larg. 6 p.

MONNOYER (Baptiste), *né à Lille en* 1635, et HUILLIOT.

52 Deux Vases de Fleurs, dont un en partie écaillé. Ovale. Haut. 25 p., larg. 21 p.

HELLE (Ferdinand), *travaillait à Paris en* 1650.

53 Deux Portraits à mi-corps, peints sur cuivre avec beaucoup de finesse. Ovale. Haut. 8 p. 3 l., larg. 6 p. 1/2.

Ce sont des ancêtres de J.-B. Lemoyne, probablement Jean-Louis Lemoyne et sa femme, qui était ~~sœur~~ fille de Baptiste Monnoyer, et peignait le paysage. ✕

COYPEL (Antoine), *né à Paris en* 1661.

54. Renaud endormi, enlevé par Armide accompagnée de plusieurs Amours. Larg. 38 p., haut. 30 p.

DESPORTES (François), *né à Champigneul en* 1661.

55 Trois Tableaux de Fleurs, Fruits et Gibiers. La peinture a souffert dans plusieurs endroits. Ovales, haut. 2 p. 10 p., larg. 2 p. 3 p.

56 Un Vase rempli de fleurs, et près duquel se trouvent quelques fruits et du raisin que mange un grand ara vert. La peinture est un peu écaillée dans quelques parties. Diam. 2 p. 10 p.

RAOUX (Jean), *né à Montpellier en* 1677.

57. La Mélancolie, d'après Fety. Haut. 38 p., larg. 31 p.

LANCRET (Nicolas), *né à Paris en* 1690.

58. Scène italienne, dans laquelle un jeune homme à

erreur du catalogue — Jean Louis Lemoyne étant né en 1665 il ne peut être question, pour les 2 portraits, que de Jean Lemoyne peintre decorateur et membre de l'Academie né en 1635 et mort en 1713 et de sa femme Catherine Le Blond qu'il épousa en 1662 (Jal)

genoux fait une déclaration pressante à une jeune personne qui, jouant de la guittare, s'interrompt pour le repousser. Haut. 17 p., larg. 13 p. 1/2.

59 Une Conversation dans un jardin. Haut. 12 p., larg. 8 p.

CHARDIN (JEAN-BAPTISTE-SIMÉON), *né à Paris en* 1699.

60 Un jeune Dessinateur assis à terre et vu par le dos: dans le haut, à droite, sur le mur, est écrit *Chardin.* Sur bois. Haut. 6 p. 1/2, larg. 5 p. 9 l.

Une jeune Femme assise dans sa chambre et faisant de la tapisserie : sur le devant, à gauche, est écrit *Chardin.* Sur bois. Haut. 6 p. 1/2, larg. 5 p. 9 l.

61 Intérieur d'un cellier, dans lequel on voit à terre plusieurs ustensiles de cuisine et un melon : sur une table est un panier de légumes ; dans le fond, à gauche, une femme apporte un autre panier. Peint sur cuivre et d'un très-joli effet. Larg. 8 p. 1/2, haut. 6 p. 1/2.

62 Un Déjeûner avec des pêches, du raisin, etc. : sur la table, à gauche, *Chardin,* 1761. Larg. 17 p., haut 14 p.

63 Des Enfans jouant avec un bouc, peinture en camaïeu, imitant un bas-relief de bronze. Sur bois. Larg. 14 p. 1/2, haut. 8 p. 1/2.

DU MONT (JACQUES), *né à Paris en* 1701.

64 Repos en Egypte, peint en 1734 : saint Joseph est assis à gauche sur le devant, et la Vierge est dans le fond, à droite. Sur bois. Diam. 8 p. 5 lig.

Saint Jean-Baptiste prêchant dans le désert, peint en 1734. Sur bois. Diam. 8 p. 5 l.

65 Deux Nymphes de Diane se reposant : elles sont

assises et vues par le dos; près d'elles, on voit le produit de leur chasse, et dans le fond, à droite, on aperçoit deux autres Nymphes qui continuent la chasse. Sur une pierre, au bas de l'eau, on lit : *J. Du Mont le Rom.* 1743. Il y a un petit acroc dans l'épaule d'une des Nymphes. Diam. 2 p. 3 p.

66 Repos de Diane : la déesse est assise près d'un arbre; à droite, deux de ses nymphes paraissent occupées de leurs chiens; deux autres, à gauche, également assises, regardent dans le lointain; sur le devant, d'un côté, on lit : *J. Du Mont le Rom.* Ce Tableau mérite quelqu'attention pour sa couleur. Ovale. Larg. 3 p. 10 p., haut 3 p. 3 p.

BOUCHER (François), *né à Paris en* 1704.

67 Triomphe de Vénus; esquisse peinte en camaïeu. Cette toile a été contre-collée. Larg. 33 p., haut. 18 p.

68 Vénus venant prier Vulcain de forger des armes pour Énée; esquisse peinte en camaïeu. Larg. 16 p., haut. 14 p.

69 Vénus et l'Amour; composition remplie de grâce, mais d'une médiocre couleur : à droite, on lit : *F. Boucher* 1744. Ovale. Larg. 3 p. 8 p., haut. 2 p. 9 p.

70*Vénus couvrant Pâris d'un nuage, pour le soustraire à la fureur de Ménélas : Esquisse peinte en camaïeu. Larg. 20 p., haut. 16 p.

71 Un petit Paysage au soleil couchant : à gauche est une maison rustique avec un moulin à eau. Larg. 12 p., haut. 9 p.

72 Paysage sur le devant duquel est un homme debout, préparant sa ligne pour pêcher : au second plan, à droite, est un rocher surmonté d'un monument sépul-

ral, auquel on a donné le nom de *Tombeau de l'Ane.* Haut. 3 p. 8 p., larg. 2 p. 8 p.

73 Paysage sur le devant duquel un homme assis et une jeune fille debout, sont occupés à la pêche : au second plan, à gauche, une maison attenant à un pont de deux arches. Haut. 4 p., larg. 2 p. 7 p.

74 Un Peintre à son chevalet, occupé à peindre un paysage : près de lui, à droite, un jeune broyeur de couleurs et une femme tenant un enfant d'une jolie figure ; à gauche, un étudiant tenant un porte-feuille sous son bras ; sur la traverse du tabouret on voit les lettres *J. B.* Le peintre est François Boucher lui-même ; le jeune élève est Deshayes, qui devint par la suite son gendre ; la jeune femme est madame Boucher. Ce Tableau a été vendu 1,220 fr. en 1778. Haut. 15 p., larg. 12 p.

PIERRE (Jean-Baptiste-Marie), *né en* 1720.

75 Un Sculpteur dans son atelier : il est assis, examinant un buste du roi Louis XV, auquel il travaillait : sur le devant, un jeune homme repassant un ciseau. Sur la traverse du siége on lit : *Pierre* 1748. Le sculpteur est J.-B. Lemoyne, et le jeune homme est Pajoux, son élève. Ce Tableau fait pendant au précédent. Haut. 15 p., larg. 12 p.

BAILLY (David), *né en* 1588.

76 Portrait d'un jeune Homme vêtu d'un manteau noir et d'une toque de la même couleur, peint en 1637. Ce Portrait est d'une très-bonne couleur. Sur bois. Haut. 11 p., larg. 9 p.

LAGRENÉE l'aîné, *né à Paris en* 1727.

77 Saint Louis à genoux, offrant sa couronne à l'Enfant-

Jésus, qui est accompagné de la Vierge, et lui présente la palme du martyre. Haut. 15 p., larg. 12 p.

CRESPIN, *né vers* 1730.

78 Deux petits Paysages : dans l'un, on voit des pêcheurs retirant leurs filets; dans l'autre, quelques chasseurs se reposant. Larg. 10 p., haut. 7 p.

ROBERT (HUBERT), *né en* 1733.

79 Vue d'une Cascade, avec une grande arche sous laquelle est un escalier à droite. Larg. 16 p., haut. 8 p. 1/2.

80 Un autre Paysage.

LECLERC, de l'Académie.

81 Deux Paysages couverts, sur le devant desquels se trouvent une partie d'eau avec trois baigneuses. Les figures ont quatre pouces, et sont d'assez bon goût. Ovales. Haut. 20 p. 1/2, larg. 17 p.

DEVOUGE (B.), *né vers* 1770?

82. Portrait du maréchal Augereau, avec l'uniforme de général de brigade. Ovale. Haut. 30 p., larg. 24 p.

VANLOO (CÉSAR), *né à Paris vers* 1750 ?

83. Vue d'une grande partie d'eau gelée, sur laquelle plusieurs personnes patinent : sur le devant est un pont en bois, très-léger et rompu; dans le fond, une montagne. Effet de neige. Larg. 37 p., haut. 30 p.

NORBLIN DE LAGOURDAINE, *né vers* 1739.

84 Une Lutte de deux Athlètes devant une nombreuse assemblée : à droite, deux autres Athlètes paraissant se préparer pour le pugilat. Peint en 1771. Larg. 23 p., haut. 19 p.

VINCENT (François-André), *né à Paris en* 1747.

85 Les Apôtres visitant le tombeau de la Vierge, qui est enlevée au ciel par un groupe d'Anges. Esquisse peinte en 1771, et donnée par l'auteur à son ami P.re-H.te Lemoyne. Haut 2 p. Larg. 1 p. 4 p.

86 Un Sujet de l'Histoire grecque. Esquisse peinte en camaïeu. Larg. 24 p., haut. 21 p.

MOREAU (Louis), *né à Paris vers* 1734.

87* Deux Paysages à gouache, en hauteur.

VIGÉE (L.), *né vers* 1727.

88* Portrait de J.-B. Lemoyne, peint au pastel en 1743. Sous glace. Haut. 24 p., larg. 19 p.

89* Copie, aussi au pastel. Haut. 16 p., larg. 13 p.

DIVERS MAÎTRES.

90 Sainte-Famille, dans laquelle on voit la Vierge lavant du linge, et l'Enfant-Jésus le portant à saint Joseph; deux petits Anges sont occupés à l'étendre sur une branche d'arbre. Sur cuivre. Haut. 18 p., larg. 14 p. 1/2.

91 Saint Paul assis, écrivant sous l'inspiration divine: près de lui, à gauche, se voient deux petits Chérubins. Demi-figures. Haut. 2. p. 6 p., larg. 2 p.

92 Saint Philippe baptisant l'eunuque de la reine d'Éthiopie: Composition de douze figures, d'une couleur assez vigoureuse, et qui mérite d'être examinée avec attention.

93 Concert céleste, dans lequel des anges jouent de plusieurs instrumens: très-joli Tableau. Larg. 20 p. 1/2, haut. 12 p. 1/2.

94 Trois Nymphes se reposant : l'une d'elles, sur le devant, est presque nue, et paraît vouloir se cacher avec une draperie qui couvre ses bras. Larg. 27 p., haut. 22 p.

95 Tombeau de Mignard, peint en grisaille d'après la sculpture de J.-B. Lemoyne, telle qu'elle était dans l'église des Jacobins de la rue S.t-Honoré. Haut. 27 p., larg. 21 p.

96 Vue d'un feu de joie près d'un obélisque à Rome: dans le fond, à gauche, on aperçoit un palais. Ce tableau a été rentoilé, et a quelques petits accrocs. Haut. 19 p., larg. 12 p.

97 Deux Paysages, dont l'un est la vue intérieure d'un jardin; dans l'autre, à droite, on voit un monument à colonnes, en partie ruiné, et dans le fond un pont d'une seule arche. Sur bois. Haut. 8 p., larg. 6 p.

98 Deux Paysages, dont un est l'entrée d'une ville; l'autre est une campagne assez vaste. Sur bois. Larg. 9 p. 1/2, haut. 7 p.

99 Paysage avec une chute d'eau au milieu de grands rochers : trois pêcheurs sont occupés sur le devant. Ce Tableau, d'un ton argentin, est très-agréable. Sur bois. Haut 18 p., larg. 14 p.

100 Paysage avec un lointain vaporeux; sur le devant un troupeau de bétail traverse un gué. Très-joli Tableau peint sur bois. Larg. 15 p., haut. 12 p.

101 Deux Paysages, en largeur.

102 Deux autres Paysages, en largeur.

103* Portrait de Louis XV, peint au pastel, dans une bordure ovale. Haut. 21 p., larg. 17 p.

104 Portrait d'un jeune Homme, vu de trois quarts : il a les cheveux longs et un grand rabat. Ce portrait

a quelque ressemblance avec celui de Descartes. Haut. 20 p. 1/2, larg. 15 p. 1/2.

105. Une jeune Fille, à mi-corps, tenant une colombe. Haut. 22 p., larg. 19 p.

106 Tête d'étude d'un Vieillard, vu de profil, et tenant dans ses mains une tête de mort. Haut. 2 pieds 1 p., larg. 1 pied 7 p.

107* Deux Vases de Fleurs, peints sur verre, et destinés à donner du jour dans des cabinets. La peinture d'un des deux est endommagée. Ovales Haut. 22 p., larg. 19 p.

108 Un Plafond, avec des arabesques peints à l'huile et dorés. Long. 10 pieds, larg. 6 pieds.

109 Plusieurs Tableaux seront divisés sous ce numéro.

DESSINS.

ÉCOLE D'ITALIE.

CORRÈGE (D'après LE).

110*. La Charité : Dessin au crayon noir.

CALDARA (POLYDORE), *né à Caravage en 1495.*

111* Tarquin l'Ancien coupant un caillou avec un rasoir, en présence de l'augure Attius Nerius : Dessin lavé au bistre sur papier bleu rehaussé de blanc. Larg. 29 p., haut. 9 p.

ÉCOLES ALLEMANDE, FLAMANDE ET HOLLANDAISE.

SEGHERS (Daniel), *né à Anvers en* 1590.

112. Jésus-Christ et la Samaritaine : Dessin colorié. Une Pièce en largeur.

EVERDINGEN (Aldert Van), *né à Alcmaer en* 1621.

113. Plusieurs Barques sur une grande ri.ière : à l'encre de la Chine. Petite Pièce en largeur.

MIERIS (W. Van), 1690.

114. Cadmus combattant le dragon qui avait dévoré ses compagnons : Dessin à l'encre de la Chine, *d'une médiocre conservation.* Moyenne Pièce en largeur.

LOO (P. Van), d'après S. de [illegible].

115. Paysages ornés de fabriques : 2 Aquarelles en largeur.

LIENDER (Paul Van), *né à Amsterdam en* 1730.

116. Vue de Dendermonde en Brabant : jolie Aquarelle. Moyenne Pièce en largeur.

117. Petites Vues de Hollande : Dessins au bistre. 2 petites Pièces.

118. Vue de la nouvelle Porte de Saint-Jean à Harlem : très-jolie Aquarelle.

HACKAERT (Jacques-Philippe), *né à Prenzlan en* 1737.

119. Une Barque arrêtée près de terre; à droite quelques fabriques : très-joli Dessin à l'aquarelle. 1767.

SPILMAN (HENRY), *La Haye*, 1760.

120. Une Vue de Hollande et deux Paysages composés: 2 pièces à l'aquarelle et 1 au bistre. 3 Pièces.

OVERLAET, *Bruxelles en* 1767.

121 Dessin à la plume, dans le goût de Téniers. Larg. 4 p., haut. 3 p. 1/2.

DROST (ANTOINE), 1768.

122. Plusieurs Oiseaux dans une basse-cour : Aquarelle en largeur.

P. HOORN, 1773.

123. Le Moulin au cuivre, près d'Amerspoort : joli paysage à l'encre de la Chine. Moyenne Pièce en larg.

D. KUISSER.

124. Deux petits Paysages, dessinés à l'encre de la Chine: petites Pièces en largeur. 2 Pièces.

CRAUL.

125. Petits Paysages peints à gouache, d'un très-grand fini. 2 petites Pièces en largeur.

126. Deux autres un peu plus grands, mais dont les blancs sont gâtés.

J. C. D.

127. Paysages dessinés au pinceau, avec du blanc, sur un papier noir. 2 Pièces.

ÉCOLE FRANÇAISE.

POUSSIN (Attribué à Nicolas).

128. Deux Paysages au bistre, anciennement montés sur papier bleu, avec bordure dorée. 2 Pièces.

HIRE (LA).

129* Sainte-Famille : la Vierge est assise sur une colonne renversée; et saint Joseph, appuyé contre une grande pierre, est occupé à faire jouer l'Enfant-Jésus : dessiné à la pierre noire sur papier blanc. Larg. 15 p. 1/2, haut. 12 p.

PERELLE (Gabriel), *né à Vernon en* 1622 ?

130. Paysages de diverses grandeurs, dessinés à la plume et au pinceau. 11 Pièces. *Cet article sera divisé.*

MIGNARD *et autres.*

131 Études aux trois crayons, par Mignard; une Femme assise, par Vouet; Tobie aveugle, lavé au bistre, par Stella, etc.

ORLÉANS (Philippe d').

132* Une Tête de Satyre, croquis à la mine de plomb, au bas duquel est écrit à l'encre : *Desiné par Flipe Dorlean rejan de France an* 1714. Haut. 3 p., Larg. 2 p. 1 l.

FAGE (Nicolas-Raimond de la), *né à Lille en* 1648.

133* La Peste d'Ægine, très-grande et belle Composition : Dessin à la plume et lavé; sur le devant, à droite, est écrit : *Lafage*. Larg. 29 p., haut. 13 p.

PARROCEL (Joseph), *né à Brignoles en* 1648.

134* Deux Batailles, compositions pleines d'action : Dessins lavés et coloriés sur papier blanc. Larg. 19 p., haut. 16 p.

135* Deux Combats de Cavalerie, lavés au bistre. Larg. 13 p., haut. 8 p. 1/2.

136* Deux autres. Larg. 5 p., haut. 4 p. 3 l.

137* Deux Études coloriées, un Hussard et un Cuirassier. Larg. 11 p. 9 l., haut. 6 p. 1/2.

AUDRAN (Benoît), *né à Lyon en* 1661.

138. Entrée d'Alexandre dans Babylone, d'après Le Brun, dess. à l'encre de la Chine.

BOUCHARDON (Edme), *né en* 1698.

139* Deux Statues antiques à la sanguine. Haut 15 p. 1/2, larg. 8 p. 1/2.

140 Etudes de Figures dessinées à la sanguine, dans le goût de Callot. 4 Pièces.

141 Autres Études à la sanguine : *contre-épreuve*. 9 Pièces.

NATOIRE (Charles-François), *né en* 1700.

142* Deux Etudes de Femmes assises : aux crayons noir et blanc, sur papier gris. Larg. 12 p., haut. 9 p. 1/2.

143* Junon ordonnant à Eole de déchaîner les Vents contre la flotte d'Énée; au bas est écrit : *Ch. Natoire*, 1746. Haut. 11 p. 1/2, larg. 10 p.

LEMOYNE (Jean-Baptiste), *né à Paris en* 1704.

144* Statue équestre de Louis XV, à Lyon, sur la Place Bellecourt, et la Statue pédestre de Louis XIV, à Rennes. Beaux dessins à la pierre noire sur papier bleu rehaussé de blanc. Haut. 27 p., larg. 20 p.

145 Mausolée du Cardinal de Fleury, érigé dans l'Eglise Saint-Louis-du-Louvre, exécuté en 1769; *contre-épreuve* d'un dessin à la sanguine. Haut. 25 p., larg. 18 p.

146 Deux Portraits de la Comtesse de Feuquières, et celui de Mad. Boucher, dessinés à la sanguine. 3 Pièces.

147* Portrait de M. Lemoyne, dessiné aux trois crayons, en 1741. Plusieurs Portraits de ses Enfans. 6 Pièces.

BOUCHER, 1704.

148 Portrait de J.-B.-A. Lemoyne, âgé de 3 ans, en 1745. Etudes et Paysages. 4 Pièces.

VANLOO (CHARLES-ANDRÉ), *né à Nice en* 1705.

149 Deux Têtes d'étude à la sanguine.

PILLEMENT (JEAN), *né vers* 1710.

150* Deux Paysages en largeur, dessinés à la pierre noire.

151 Un grand Paysage à la pierre noire.

CHALLES (M.-A.-C.), *né en* 1717.

152* Deux grandes Compositions d'Architecture, représentant l'intérieur de grandes Basiliques. Dessins lavés à Rome en 1748 et 1751. Larg. 25 p., haut. 15 p.

MACHY (P.-A. DE), *né à Paris en* 1722.

153* Deux Vues ornées d'Architecture; gouache. Haut. 7 p. 3 l., larg. 4 p. 6 l.

DESFRICHES (AIGNAN-THOMAS), *né à Orléans en* 1725.

154* Deux petits Paysages en largeur, à la pierre noire.

LEMOYNE (PIERRE-HIPPOLYTE), *né à Paris en* 1748.

155 Recueil d'Etudes d'Architecture, Ornemens antiques

et autres objets, lavés ou dessinés à la pierre noire et à la sanguine. 75 Pièces. *Cet article sera divisé.*

156 Recueil de Calques de Vases, Plafonds, Trophées, Arabesques et Trépieds, dessinés à Rome. 226 Pièces, dans un vol. in-fol. rel. en veau.

157 Recueil d'Etudes et Croquis d'après l'antique ou d'invention, lavés ou dessinés à la plume et au crayon. 214 Pièces, dans un vol. petit in-fol. en parch. vert.

158 Grandes Compositions d'Architecture, dessinées ou calquées. 14 Pièces.

159 Grandes Etudes à la sanguine, d'après des ornemens d'architecture antique et autres; dessins ou contre-épreuves. 20 Pièces.

160 Ornemens d'Architecture, tirés de divers monumens d'Italie, lavés ou dessinés à la pierre noire et à la sanguine. 14 Pièces.

161 Candelàbres, Crucifix, Calices, etc., tirés de différentes églises : grands dessins lavés à l'encre de la Chine et au bistre, et deux calques. 13 Pièces.

162* Deux Vues pittoresques à l'aquarelle. 1771 et 1772.

FRANCE (M.me Adélaïde de), fille de Louis XV.

163 J.-B. Lemoyne assis, modelant la tête de M.me Adélaïde; croquis à la mine de plomb, en 1770.

LOUTHERBOURG (Philippe-Jacques de), *né à Strasbourg en* 1730.

164. Trois Militaires dans l'ivresse, 1708, aux crayons noir et blanc, sur papier de couleur.

CASANOVA (François), *né à Londres vers* 1732.

165* Deux petites Batailles. Larg. 5 p. 1/2, haut. 3 p. 3 l.

ROBERT (Hubert), *né en* 1733.

166* Composition avec différens Monumens d'architecture; croquis à la sanguine et lavé, sur pap. bleu.

NORBLIN, 1739.

167 Deux grandes Batailles, lavées au bistre.

168* Une Foire polonaise : au bas, à gauche, 1787, *N. F.* Lavé à l'encre de la Chine.

169* Une Bataille; riche composition : très-joli dessin lavé à l'encre de la Chine, sur papier gris rehaussé de blanc: dans le coin, à gauche, *Norblin fecit London* 1773. Larg. 11 p. 1/2, haut. 7 p.

HOUEL (Jean-Baptiste), *né à Rouen en* 1735.

170. Chapiteau d'une des colonnes du temple des Géants à Agrigente; à la pierre noire.

FRAGONARD et autres.

171. Vignettes, Culs-de-Lampe et autres sujets, pour le Voyage de Naples et de Sicile publié par l'abbé de Saint-Non. 8 Pièces.

EISEN (Charles), *né à Paris en* 1721.

172 Deux Études de Gardes-Françaises : l'une à la sanguine, l'autre à la pierre noire. 2 Pièces.

WAILLY (C. de), *né à Amiens vers* 1740?

173 Plans, Coupes, Élévation et Détails du Théâtre de Bruxelles. 19 Pièces.

MOITTE (Jean), *né à Paris en* 1750?

174* Saint Charles Boromée donnant la communion aux Pestiférés : dessin à la sepia, fait à Rome en 1772. Haut. 9 p. 8 l., larg. 7 p.

175* Jupiter accueillant la demande de Cérès, bas-relief dessiné à l'encre de la Chine, rehaussé de blanc, en 1790. Larg. 23 p., haut. 10 p.

176* Apollon sur son char : lavé à l'encre de la Chine, sur pap. blanc. Ovale. Larg. 7 p. 1/2, haut. 4 p. 1/2.

177* Une Figure de Minerve, debout, de profil : en bas, à gauche, est écrit : *Moitte* 1775. Très-beau dessin à l'encre de la Chine, sur papier bleu rehaussé de blanc. Haut. 18 p., larg. 12 p.

178* Deux Cariathides avec des chapiteaux d'ordres différens : dessin à l'encre de la Chine, sur papier bleu rehaussé de blanc. Haut. 15 p., larg. 9 p.

179 Dessins de Bas-Reliefs lavés à l'encre de la Chine, dont un pour le Panthéon, en 1796. 7 Pièces.

MOITTE (Madame), *née à Castellas.*

180 Quatre Études dessinées à la plume.

MOREAU (Jean-Marie), *né à Paris en* 1741.

181* Vue d'une partie de l'Orangerie de Saint-Cloud : dans le bas, à gauche, *J.-M. Moreau le jeune* 1776. Dessin lavé, sur papier gris rehaussé de blanc.

OZANNE (Nicolas).

182 Plans et Vues de divers Forts de France : Dieppe, 2; — le Hâvre, 4; — Rouen, 2; — Saint-Malo, 4; — Brest, 13; — Lorient, 3; — Port-Louis, 1; — Nantes, 3; — Rochefort, 2; — Toulon, 5.

(Ils seront divisés).

Ces Dessins, exécutés par Ozanne, d'après les ordres de Louis XVI, dont il avait l'honneur d'être le professeur, ont pendant long-temps fait l'ornement du cabinet de ce Prince.

VINCENT.

183* Jacob emmenant sa Famille : dessin à la plume. Larg. 13 p., haut. 8 p.

TAUNAY, *né vers* 1759.

184* Un Repos de Chasse près d'une fontaine : esquisse peinte sur papier. Haut. 10 p., larg. 8 p.

CHERPITEL, 1761.

185* Deux grandes Compositions représentant une réunion de Monumens divers. Dessinées à Rome, à la pierre noire. Larg. 27 p., haut. 16 p.

186 Recueil des Plans, Élévations et Coupes de l'Église Saint-Barthélemy en 1781 (par M. Cherpitel); dessiné par Beaujouan : 1 vol. in-4.°, maroq. roug.

187 Plans, Elévations et Coupes de l'Eglise paroissiale du Gros-Caillou : lavé avec soin. 23 Pièces.

PÉRIGNON (N.), 1777.

188. Vues de Pierre-Pertuis et de Trienne : aquarelles. 2 Pièces.

BARBIER (P.).

189. Saint François à genoux dans une grotte : aquarelle. 1 Pièce en hauteur.

MONVOISIN.

190. Une petite Bergère d'Italie, assise et caressant un mouton. 1826, à la sepia.

DIVERS MAÎTRES.

191. Scènes de Pillages dans les guerres du Brabant, vers 1780, dans lesquelles des femmes éprouvent la brutalité des soldats : à l'aquarelle. 2 petites P. en larg.

192. Plusieurs Paysages et autres sujets. 14 Pièces.

193. Visite de Napoléon à la fonderie de ....ge, le 8 novembre 1811 : dessin fait par un des témoins attachés à la fonderie.

194. Plusieurs Dessins seront divisés sous ce numéro.

ESTAMPES.

195 Un Homme et une Femme se battant : au milieu d'eux, un petit enfant paraît vouloir les séparer. Au milieu du bas est la marque *B. M.*

LOSNE (Étienne de), *né à Orléans en* 1520.

196. Neuf Sujets variés : une Danse, par Th. de Bry, et une Pièce par George Pentz, etc.; en tout 15 Pièces.

PONTIUS (Paul), *né à Anvers vers* 1590.

197. Portraits de Philippe IV et d'Elisabeth de Bourbon, sa femme, d'après Rubens. *Anciennes épreuves sans marge.* 2 Pièces.

CALLOT (Jacques), *né à Nancy en* 1593.

198. Diverses Vues dessinées à Florence; publiées à Paris, chez Israël. *Très-belles épreuves.* 12 Pièces.

199. Le Jeu de Boule, le Parterre de Nancy, la Foire d'Imprunette, Saint-Claude, Saint-Mansuet, le Siége de l'île de Rhé, celui de La Rochelle, etc. 41 Pièces, dont quelques copies.

200. Le Nouveau-Testament, la Vie de la Mère de Dieu, et la Lumière du Cloître, la Vie de l'Enfant-Prodigue, les Caprices, les Fantaisies, les Gobbi; son Portrait et ses Armes., etc. 199 Pièces.

201. Le Massacre des Innocens, les vingt-trois Martyrs du Japon, le Benedicite, plusieurs Suites de Grotesques et de Gueux, etc. La plupart *copies.* 222 Pièces.

HOLLAR (Winceslas), *né à Prague en* 1607.

202 Portrait de Hollar, *taché d'encre;* trois Têtes d'après

Holben et Schongaüer; un Frontispice d'après Diepenbech; *le titre est enlevé*, etc. : 7 Pièces.

LENFANT (JEAN), *né à Abbeville vers* 1615.

203 Fr. de Harlay, archevêque de Rouen; Fr.-Th. de Nesmond, président au Parlement; G. de Nesmoud, maître des requêtes; Cl. Jegon, vicomte de Queriau; J.-B. Decoutes, doyen de Notre-Dame; etc. 8 Pièces.

DORIGNY (NICOLAS), *né à Paris en* 1657.

204* La Transfiguration, d'après Raphaël, et la Descente de Croix, d'après Daniel de Volterre. 2 Pièces.

LIENDER (PAUL VAN), *né à Amsterdam en* 1730.

205 Vues d'Utrecht et Thier : 4 Pièces, d'après lui-même.

FABER (JEAN), *né vers* 1684.

206 Une Scène du Mari Sans-Soucis, et des jeunes Filles devant un Maître d'école, d'après Mercier. 2 Pièces.

BARON (BERNARD), *né à Paris vers* 1700.

207 Pillage d'un Village, et la Revanche des Paysans, d'après A. Watteau. 2 Pièces.

LEMOYNE (J.-B.).

208 Statue pédestre de Louis XV à Rennes, gravée par Dupuis, et Statue équestre de Louis XIV à Lyon, épreuves avant la lettre et retouchées au pinceau, mais *fatiguées*. 2 Pièces.

BOWLES (THOMAS), *né en Angleterre vers* 1712.

209* Trois Vues de Saint-Paul de Londres, en 1749.

WOOLLETT (GUILLAUME), *né à Maidstone en* 1735.

210* La Pêche, d'après Wright; belle épreuve, avec une marge rapportée.

VOLPATO (JEAN), *né à Bassano vers* 1738.

211* L'Ecole d'Athènes, la Dispute du Saint-Sacrement,

et Héliodore chassé du temple, d'après Raphaël : *mouillées.* 3 Pièces.

212 Arabesques du Vatican, une des trois parties seulement : *mouillés.* 33 Pièces.

VASI (Joseph), *Rome*, 1747 ?

213* Deux Vues intérieure et extérieure de Saint-Pierre de Rome, gravées en 1774 et 1775. 2 Pièces.

C. P. J. Z. 1766?

214 Suite de Paysages, Ruines, etc., dont un d'après Breemberg; et un Portrait de Pierre de Laer. 21 P.

INGOUF jeune.

215 Portraits, Vignettes, in-4.° et in-8.° Costumes, Etudes, etc., dont quelques épreuves à l'eau-forte ou non terminées, et avant la lettre. 78 Pièces.

GIRODET-TRIOSON (A.-L.), *né à Montargis en* 1769.

216 La Valeur, la Force, la Justice et l'Eloquence, lith. par Decreuse, Lyon et Lambert. 4 Pièces.

MASQUELIER (Claude-Louis), *né à Paris.*

217 La Piété filiale, d'après Wicar.

CAZENAVE.

218* Portrait de Napoléon, en pied et en manteau; d'après Vanderwal. *Epreuve coloriée.*

ADAM (P.).

219 Mercure endormant Argus, d'après Steuben. Epr. sur pap. de Chine, et avec la lettre tracée, etc. 4 P.

JAZET, *né à Paris? vers* 1780?

220 Course des Chevaux, à Rome, d'après Hor. Vernet; très-grande Pièce en mezzotinte.

RICHOMME (Joseph-Théodore), *né à Paris, en* 1785.

221 Thétis p tant l'armur d'Achille, d'après Gérard.

GODEFROY (Adrien). *né à Paris vers* 1785 ?

222 Quatre Vignettes, épreuves sur pap. de Chine ; et deux Scènes de la bataille d'Austerlitz. 6 Pièces.

WATSON (Caroline). *Londres*, 1786.

223 Portraits de B. West et de W. Woollett, d'après Gab. Stuart ; au pointillé. 2 Pièces.

REVERDIN (François-Gédéon), *né à Genève en* 1772.

224 Portraits du Titien, de Raphaël, du Carrache et du Dominiquin ; têtes d'étude gravées dans la manière du crayon. 4 Pièces.

GIRARD (F.). *Paris*, 1790?

225 Trois Têtes d'étude du tableau de Didon, par M. Guerin ; deux Têtes d'étude d'Alexandre et Roxane, d'un tableau de Raphaël : gravées dans la manière du crayon. 5 Pièces.

DELESTRE (J.-B.).

226 Têtes du Cénacle peint à Milan, par Léonard de Vinci ; lith. 13 Pièces.

MULLER (Charles).

227 Bataille d'Austerlitz, dessinée et gravée par Ch. Muller ; épreuve avant la lettre.

BERTONNIER. *Paris*, 1800?

228 Portraits du Tasse, de Voltaire, d'Eugène Beauharnais, de l'Empereur du Brésil, de Franklin, de Lafond, de MM.[lles] Cinti, Duchesnoy, etc. 12 Pièces.

LEGRAND (Paul). *Paris*, 1800?

229 Quatre Sujets de l'Histoire de Jésus-Christ; trois d'après Westall, et un d'après Tassaert; gravés à l'aquatinte. 4 grandes Pièces.

LEFÈVRE (Achille-Desiré), *né à Paris en* 1800.

230 Portrait de Napoléon, d'après Ch. Steube.

LITHOGRAPHIES.

ALBERTI (Charles-Jean), *né à Amsterdam en* 1783.

231 Les Vertus Théologales, d'après Raphaël; lith. 3 Pièces.

DESENNE (Alexandre-Joseph), *né à Paris en* 1785.

232 Scènes tirées d'Atala et autres ouvrages de M. de Châteaubriant; lith. 4 Pièces.

GREVEDON (Henry), *né à Paris vers* 1790?

233 Portraits des généraux Foy et Cambronne, et de M. Ladvocat, libraire; lith. 3 Pièces.

LE COMTE (Aubry), *né à Nice en* 1797.

234 L'Hiver et le Printemps, lith. d'après Dejuines, 1826.

TROLLY.

235 Portraits de Bonaparte et des généraux Lefebvre et Richepanse; lith. 3 Pièces.

MAURIN (A.). *Paris*, 1800?

236 Portraits de Saint-Vincent de Paul et de MM. Lafitte, Méchin et Julia Fontanille; lith. 4 Pièces.

PORTRAITS.

237 Portraits de Christian VII, d'après Ag. Kauffmann; Louis XVIII en pied, gravé par F.-A. David; et Garrick en pied, d'après Gainsborough. 3 Pièces.

238 Portraits de Nicolas Pottier, par Nanteuil; E. de Lesville, évêque de Coutance, par Lochon; G. Le Roux, par Landry; de Marillac, par Poilly; Mazarin, par Huret, etc. 10 Pièces.

239 Portraits de Rousseau, par Fiquet; Languet et Crébillon, par Saint-Aubin; Franklin, par Cathelin; Hallé, peintre; le président Hénault, Necker, etc. 11 Pièces.

240 Portraits de Bonnet, Arnault, Antoine, Pierre de Marca et madame de Sévigné, par Edelinck; plusieurs autres par Van Schuppen et F. Audran. 10 Pièces.

241 Gabriel Grillot et Crébillon, par Baléchou; la duchesse de Nemours, par Drevet; le duc de Bourgogne, par Saint-Aubin; le comte de Nottingham, par Houbraken, etc. 10 Pièces.

242 Portraits de M. de Montcel, Bertrand de Pibrac, Charles, Fréron, etc. 7 Pièces.

243 Portraits des Ducs d'Orléans, de Choiseul, de Broglie, du Marquis de Beaufort, des Comtes Lynch, Durutte, Woronzoff, etc.; lith. 11 Pièces.

244 Portraits du Roi, de MM. de la Tour-du-Pin-Montauban, évêque de Troyes; de Villèle, archevêque de Bourges; Millaux, évêque de Nevers, etc. 10 Pièces lith.

245 Le Roi de Pologne, en pied; *épreuve avant la lettre.*

246 Portraits de MM. Bachelier, peintre; David, statuaire; Berton, compositeur; Godefroy, Maygrier, Pouqueville, Désaugier, etc.; lith. 9 Pièces.

247 Portraits de MM. Bignon, Benjamin-Constant, de Schonen, Honoré Valant, etc. 8 Pièces lith.

248 Collection de Portraits des Artistes des théâtres de Paris, lithographiés par Colin, *sur pap. de Chine.* Livr. 1 à 14, in-fol.

TOPOGRAPHIE.

249 Vues de divers Monumens. 24 Pièces.

250 Recueil de diverses Gravures, Vues de Monumens, Détails d'Architecture, etc. 93 Pièces.

251 Panorama asiatique, Fête sur l'eau à Lyon, Bataille d'Héliopolis, Chasse au Tigre, et une Scène de Roland furieux; cinq Panoramas lith. en 2 feuilles chacun, par A. M. 10 Pièces.

252 Vues de plusieurs Monumens et Tombeaux d'Italie, par divers Graveurs. 36 Pièces.

253 Catafalques, Cérémonies, Fêtes publiques, par divers, et Détails antiques, par Piranesi. Très-grandes Pièces. 22 Pièces.

254 Plusieurs petites Gravures, d'après les Tableaux de Wilkie. 5 Pièces.

255 Le Mariage de Sainte-Catherine, par Poilly, d'après Mignard; plusieurs Portraits d'après Rembrandt, Rubens, etc. 15 Pièces.

256 Plan de la Forêt de Fontainebleau; Plan de Rome Sens, extrait de la carte de Cassini (N.° 46). Paris,

extrait de la carte de Cassini (N.° 1). Carte des Frontières de la République française, depuis Dunkerque jusqu'à Mayence.

257 Plusieurs Estampes anciennes seront divisées sous ce numéro.

258 Plusieurs Porte-feuilles seront divisés sous ce numéro.

LIVRES A FIGURES.

GALERIES.

259 Galleria Giustiniana del Marchese Vincenzo Giustiniani. 2 tomes en 1 vol. relié en veau : manque la planche 2. Cet exemplaire est fortement mouillé.

260 Ædium Farnesiarum tabulæ ab Annibale Caraccio depictæ, a Carolo Cæsio æri insculptæ, atque a Lucio Philarchæo explicationibus illustratæ. Roma, 1753, 33 pl. ; plusieurs lettres grises, ornées de paysages, très-joliment gravées à l'eau-forte, et des vignettes portant la marque *J. G.* 1 vol. in-fol. relié en mar. rouge, doré sur tr.

261 Partie du Cabinet du Roi. — Le Louvre et les Tuileries, 38 pl. — L'Hôtel des Invalides, 22 pl. — Le Château de Versailles, 29 pl. — Les Maisons Royales, 25 pl. 4 vol. in-fol., mar. rouge, fil. aux armes de France.

262 Musée Filhol. Les 25 premières livraisons.

263 Concours décennal, publié par Filhol. Paris, 1812. 10 livraisons in-4.° renfermant 30 pl. (Complet.)

ARCHITECTURE.

264 Les dix Livres d'Architecture de Vitruve, corrigés

et traduits nouvellement en françois, avec des notes et des figures, 2.e édit., par M. Perrault. Paris, J.-B. Coignard, 1684, in-fol. Quelques feuilles sont légèrement déchirées dans la marge. Cet Exempl. porte la signature *Boffrand*, avec la date 1734. rel. en v. br.

265 Traitté de l'Architecture suivant Vitruve, et desseignez par maistre Julien Mauclerc; mis en lumière par Pierre Daret. Paris, 1648, in-fol., rel. en v., 50 pl.

266 Les Bâtimens et les Dessins d'André Palladio, recueillis et illustrés par Octave Bertolli Scamozzi. 4 tomes en 2 vol. in-fol., contenant 219 pl., rel. en v. Vicence, J. Rossi, 1786. A la suite se trouvent les Thermes des Romains, dessinés par A. Palladio et publiés par Scamozzi. Vicence, 1785, 26 pl. avec le texte français et italien.

267 Architecture de Palladio, divisée en 4 livres, avec des notes d'Inigo Jones; par J.ques Leoni, trad.t de l'italien. 2 vol. in-fol., 215 pl. La Haye, par Gosse, 1726. rel. en bas.

268 Œuvre complette d'André Palladio, nouv. édition publiée par Chapuy et Amédée Beugnot. Paris, Liv. 1 à 26, in-fol.

269 The Desings of Inigo Jones consisting of plans and Elevations and publish'd by W.m Kent, 1728. 2 tomes en 1 vol. contenant 98 pl. v.

270 Cours d'Architecture, qui comprend les Ordres de Vignole, avec des Commentaires, etc., par d'Aviler. nouv. édit. Paris, J. Mariette, in-4.o rel. en v.

271 Explication des termes d'Architecture, de Maçonnerie, etc, et autres qui concernent l'art de bâtir. 1 vol. in-4.o rel. en bas.

272 Disegni di vari Altari e Capelle nelle Chiese di Roma, con le loro facciate, fianchi, piante e misure de' piu celebri architetti. Date in luce da G.-G. de Rossi. 1 vol. in-fol., rel. en v., 51 pl.

273 OEuvres d'Architecture de M. Joséph Peyre. Paris, Prault, 1765, suivies du Supplément. 1 vol. in-fol., avec 23 pl. Cart. dos de b.

274 Palais, Maisons et autres Edifices modernes, dessinés à Rome, par Percier et Fontaine. Paris, Ducamp, 1798. 15 Livr.ons in-fol, 91 pl. y compris le titre.

275 Concours et Projets d'Architecture pour le Louvre et autres Monumens de Paris, par divers Architectes.

276 Études d'Architecture civile ou Plans, etc.; publiés pour l'Instruction des classes de l'Ecole des Ponts-et-Chaussées, par Mandar. Paris, 1826. Liv. 1 à 7, in-fol.

277 Edifices de Rome moderne, dessinés et publiés par P. Letarouilly. Paris, 1825. Livr. 1 à 12.

278 Architecture antique de la Sicile, ou Recueil des plus intéressans Monumens d'Architecture, etc., par S. Hittorff et L. Zanth. Paris, gr. in-fol. Livr. 1 à 5.

279 Monumens antiques et modernes de la Sicile, par A.-L. Lusson. Paris, Livr. 1 à 3.

280 Restes et Fragmens d'Architecture du moyen-âge, etc., dessinés d'après nature par R.-P. Bonnington. Paris, 1824. Livr. 1 et 2.

281 Plan général, Élévation et Profil du Temple de Salomon, etc., par Mallet; 13 pl. *mouillé.*

282 Les Ruines des plus beaux Monumens de la Grèce, par Le Roy; 2.e édit.on, 2 tomes en 1 vol. in-fol. Paris, Delatour, 1770. 61 pl. rel. en v.

283 Les Edifices antiques de Rome, mesurés et dessinés

très-exactement sur les lieux, par feu M. Desgodetz. Nouv. édit. Paris, C.-A. Jombert, 1789, in-fol., rel. en bas., 137 pl.

284 Détails des plus intéressantes Parties d'Architecture de la Basilique de Saint-Pierre de Rome, par Gabriel-Martin Dumont. Paris, 1763, in-fol., cart, 101 pl.

285 Plans et Détails de l'Église, du Dôme de l'Hôtel royal des Invalides. 1 vol. in-fol., rel. en bas., renfermant 14 pl., presque toutes doubles ou triples; quelques-unes sont déchirées.

286 Figures de Cochin, pour la Description de l'Hôtel royal des Invalides, par l'abbé Pérau : in-fol, 104 pl. rel. en parch.

287 Vues, Plans, Coupes et Détails de la Cathédrale de Cologne, par M. Boisserée, in-fol., atlant. avec texte: 8 gr. planches, formant les deux premières Livraisons de ce magnifique Ouvrage.

288 Plan, Coupes, Élévations et Profils de l'Eglise de Saint-Philippe-du-Roule, par Chalgrin, 13 pl. gr. in-fol.

289 Tombeau de François I.er, dessiné, gravé et publié par E.-F. Imbard. 2 liv. gr. in-fol. : manquent les pl. 1 et 6.

290 Monumens érigés en France à la gloire de Louis XV, par Patte. Paris, Roget, 1767; 57 pl. in-fol., cart., dos en parch. Exemplaire fatigué.

291 Recueil des Plans, Coupes et Élévations du nouvel Hôtel-de-Ville de Rouen, par Matthieu Le Carpentier. Paris, Jombert, 1758. avec 6 pl. in-fol., cart.

292 Salle de Spectacle de Bordeaux, par M. Louis. Paris, 1782. 22 pl.

293 Projet d'un Arc-de-Triomphe pour l'emplacement de l'Étoile, par feu J.-A. Raymond. Paris, F. Didot, 1812; in-fol., avec 6 pl. et le Portrait de l'Auteur gravé sur le titre.

294 Théâtre de Dieppe, 20 planches in-folio, avec texte explicatif, par Frissard. Paris, 1827, gr. in-fol.

LIVRES.

295 Villa Pamphilia, eiusque palatium, cum suis prospectibus; Statuæ, fontes, etc., par Dominique de la Barrière. Rome, J.-J. de Rubeis, in-fol., rel. en v. 84 pl.

296 Vedute di Roma sul Tevere, disegnate ed incise da Giuseppe Vasi. 19 pl.

Antichità Romane de' tempi della republica, e de' primi imperatori, disegnate ed incise da G. Piranesi. Roma, 1748. 28 pl. et 2 Titres. 1 vol. in-fol. rel. en bas.

297 Plan perspectif de la ville de Paris, levé par ordre de Turgot, de 1734 à 1739, par Louis Bretez, gravé par Cl. Lucas. 21 pl. in-fol. rel. en v.

298 Cours complet de Topographie, par Alex. Moitte. Paris, Barrois, 1806, in-4.° oblong. Liv.on 1 à 5: 20 pl.

299 L'Art de Charpenterie, de Mathurin Jousse, corrigé et augmenté par M. de La Hire; 3.e édit. Paris, C.-A. Jombert, 1751, in-fol. avec des fig. gravées en bois, rel. en v.

300 La Perspective propre des Peintres et des Architectes, par André Pozzo; 1.re et 2.me parties en français et en italien. Rome, J.-J. Koniarek, 1700;

2 vol. in-fol. vél. obl. Les 2 1.res pl. du 1.er vol. sont collées. La 100.me manque. — Le 2.me vol. est taché

301 Cours de Dessin linéaire, à l'usage des Écoles des Beaux-Arts, etc., par P. Laurent; gr. in-fol. 5 livr.

302 Tableaux de la Sainte-Bible, ou Loges de Raphaël, collection de 52 figures du Vatican, lithographiées par divers. Paris, 1825, 1 vol. in-fol. oblong.

303 Album religieux, ou Description des Eglises du Diocèse de Paris, lith. par Fragonard, Arnout, etc.; *sur pap. de Chine.* Livr. 1 à 7. Paris, 1823.

304 Cérémonies religieuses de tous les Peuples du Monde. Exempl. en feuilles.

305 Le Temple des Muses, orné de 50 tableaux, dessinés et gravés par Bernard Picart. Amsterdam, 1733.

306 Dessins des Édifices, Meubles, Habits, Machines et Ustensiles des Chinois, par Chambers; 1 vol. in-fol., rel. en parch., avec 21 pl. Londres, Haberkorn, 1757.

307 Tableau général de l'Empire Ottoman, par Muradja d'Ohsson. Paris, de l'impr. de Monsieur, 1787, in-fol. Tome I.er, broché en carton.

308 Tableaux de la Révolution française; Livr. 1 à 29, in-fol.

OBJETS DE CURIOSITÉ.

309 Plusieurs Objets d'histoire naturelle, Oiseaux, Coquillages, etc.; sous cages de verre.

310 Plusieurs Pièces d'antiquités, Médailles romaines et autres, en bronze et en argent. (Il en sera formé plusieurs lots).

311 Porcelaines de la Chine, du Japon, de Saxe, et d'ancien Sèvres, parmi lesquelles il y a plusieurs pièces de grande dimension, fort précieuses. (Cet article sera divisé).

312 Un ancien Cabinet en bois d'ébène, avec ornemens et sujets en relief sur les panneaux.

313 Une Tabatière carrée, en or plaqué sur argent.

Cette Tabatière est d'un travail curieux; elle offre sur ses diverses faces des sujets en relief d'un fini admirable.

314 Une Miniature (Portrait de Napoléon), attribuée à M. Augustin.

315 Deux Tableaux peints sur verre : l'un représente Jésus-Christ arrêté au Jardin des Olives; l'autre Jésus-Christ amené devant Pilate.

Chacun de ces Tableaux, de forme octogone, est enrichi d'une bordure en bois d'ébène, avec ornemens en écaille et Peintures sur verre dans chacun de ses huit compartimens. Morceaux extrêmement curieux.

316 Un Bas-Relief sculpté sur bois, par Hersent, représentant une Allouette donnant à manger à ses petits. Le nid est placé dans un panier entouré de fleurs. Au bas, sur un socle figuré, un jeune enfant tenant dans ses mains un nid d'oiseaux.

Morceau remarquable par la pureté du dessin, la hardiesse et le fini de son exécution.

317 Buste de saint Pierre, bas-relief en marbre blanc, de forme ronde, dans son câdre de bois noir et or.

318 Buste d'Enfant, bas-relief en marbre blanc, de forme ronde, dans son câdre de bois doré.

319 Bas-Relief en marbre, représentant la prise de Cambray en 1677.

Ce remarquable ouvrage a été indubitablement exécuté par Gaspard Marsy, célèbre sculpteur de Cambray, qui, appelé à Versailles avec son frère Balthasard, fut chargé, sous la direction de Mansart, des principaux travaux de sculpture du château et parc de cette ville. Gaspard Marsy, après avoir employé les derniers momens de sa vie à retracer sur le marbre le glorieux évènement par lequel Louis XIV venait d'affranchir sa patrie du joug des Espagnols, mourut à Versailles en 1679, à l'âge de 54 ans.

Ce Bas-Relief a 1 pied 8 p. de haut, sur 3 pieds 9 p. de large.

320 Une Nayade entièrement nue et appuyée sur une urne; terre cuite, par Clodion, sur un socle de marbre rouge de Languedoc. Long. 15 p.

Un petit Satyre courant avec un oiseau qu'il tient dans son bras; terre cuite, par Clodion, sur un socle rond de marbre rouge de Languedoc. Haut. 12 p.

Une Satyre assise tenant d'une main une grappe de raisin, qu'un petit Satyre paraît désirer; terre cuite, par Clodion, sur un socle rond en marbre de Languedoc. Haut. 12 p.

321 Un petit Buste de femme en marbre blanc. Haut. 10 p.

322 Buste de Louis XV en bronze. Haut. 11 p.

323 Deux Médaillons ovales, en bronze, dont un de Louis XV. Haut. 18 p., larg. 14 p.

324 Une statue d'Hygie en bronze. Haut. 22 p.

325 Têtes d'Études en terre cuite et de grandeur naturelle, dont le maréchal de Lowendal; et deux petits Groupes allégoriques, aussi en terre cuite.

326 Quelques Règles et Equerres en bois, des Marbres

à papier, et petites Augettes pour couleurs et encre de la Chine. *Cet article sera divisé.*

527 Un Graphomètre et son pied.

528 Les Articles omis au présent Catalogue.

FIN.

TABLE ALPHABÉTIQUE.

A

Adam (P.), n. 219.
Alberti (Charles), n. 231.
Audran (Benoît), n. 138.
Aviler (d'), n. 270.

B

Bailly (David), n. 76.
Baptiste. *Voy.* Monnoyer.
Barbier. (P.), n. 189.
Baron (Bernard), n. 207.
Baugin (Lubin), n. 51.
Béga (Corneille), n. 19.
Benedette. *Voy.* Castiglione.
Berettini (Pierre), n. 4.
Bertonnier, n. 228.
Blanchard (Jacques), n. 44.
Bouc (Van), n. 28.
Bouchardon (Edme), n. 139, 140, 141.
Boucher (François), n. 67, 68, 69, 70, 71, 72, 73, 74, 148.
Bowles (Thomas), n. 209.
Brekelincamp (Quentin Van), n. 26.
Breughel (Jean), n. 10, 11, 12.
Brun (Charles Le), n. 50.
Burck (Vander), n. 36.

C

Caldara (Polydore), n. 111.
Callot (Jacques), n. 198, 199, 200, 201.
Candide. *Voy.* Witte.
Cazenave, n. 218.
Carrache (Annibal), n. 2, 260.
Casanova (François), n. 165.
Castiglione (Benedette), n. 7.
Chalgrin, n. 288.
Challes (M.-A-C.), n. 152.
Chapron (Nicolas), n. 43.
Chardin (J.-B.-S.), n. 60, 61, 62, 63.
Cherpitel, n. 185, 186, 187.
Corrége (Antoine), n. 110.
Cortone *Voy.* Berettini.
Coypel (Antoine), n. 54.
Craul, n. 125, 126.
Crespin, n. 78.

D

Delestre (J.-B.), n. 226.
Desenne (Alex.-Joseph), n. 232.
Desfriches (Aig.-Th.), n. 154.
Desportes (François), n. 55, 56.
Devouges (B.), n. 82.
Dominiquin. *Voy.* Zampieri.
Dorigny (Nicolas), n. 204.
Drost (Antoine), n. 122.
Dumont. *Voy.* Mont (Du).

E

Eisen (Charles), n. 172.
Everdingen. (Aldert Van), n. 113.

F

Faber (Jean), n. 206.
Fage (N.-R. de la), n. 133.
Fragonard (Honoré), n. 171.
France (Adélaïde de), n. 163.
Franck (François), n. 16.

G

Girard (F.), n. 225.
Girodet (A.-L.), n. 216.
Godefroy (Adrien), n. 222.
Grevedon (Henri), n. 233.
Guido-Reni. *Voy.* Reny.

H

Hackaert (Jacques-Philippe), n. 119.
Hagen (Jean Van), n. 20.
Helle (Ferdinand), n. 53.
Hire (Laurent de la), n. 46, 129.
Höllar (Wenceslas), n. 202.
Honthorst (Gérard), n. 15.
Hoorn (P.), n. 123.
Houel (J.-B.), n. 170.
Huilliot, n. 52.
Huisman, n. 27.
Hulsdom, n. 37.

I

Imbard (E.-Fr.), n. 289.
Inigo-Jones, n. 269.
Ingouf, n. 215.

J

Jazet, n. 220.

K

Kessel (J. Van), n. 30, 31.
Kuisser (D.), n. 124.

L

Lagrenée l'aîné, n. 77.
Lairesse (Gérard), n. 21, 22.
Lancret (Nicolas), n. 58, 59.
Leclerc, n. 81.
Lecomte (Aubry), n. 234.
Lefevre (Achille), n. 230.
Legrand (Paul), n. 229.
Lemoyne (Jean-Baptiste), n. 140, 145, 146, 147, 208.
— (Pierre-Hippolyte), n. 155, 156, 157, 158, 159, 160, 161, 162.
Lenfant (Jean), n. 203.
Letarouilly, n. 277.
Liender (Paul Van), n. 116, 117, 118, 205.
Loo (P. Van), n. 115.
Losne (Etienne de), n. 196.
Louis, n. 292.
Loutherbourg (P.-J. de), n. 164.
Lusson, n. 279.

M

Macht (P.-A. de), n. 153.
Mandar, n. 276.
Masquelier (Claude-Louis), n. 217.
Mauperché (Henri), n. 45.
Maurin (A.), n. 236.
Michaux, n. 34.
Mieris (W. Van), n. 114.
Mignard (Pierre), n. 48, 131.

Moitte (Jean), n. 174, 175, 176, 177, 178, 179.
— (Madame), n. 180.
Monnoyer (Baptiste), n. 52.
Mont (J. du), n. 64, 65, 66.
Monteyne (J.-B.), n. 33.
Monvoisin, n. 190.
Moreau (Louis), n. 87.
— (Jean-Marie), n. 181.
Mormels, n. 29.
Muller, n. 227.

N

Natoire (Ch.-Fr.), n. 142, 143.
Norblin de Lagourdaine, n. 84, 167, 168, 169.

O

Orcagna, n. 1.
Orléans (Philippe d'), n. 132.
Overlaet, n. 121.
Ozanne, n. 121.

P

Palladio, n. 266, 267, 268.
Parrocel (Joseph), n. 134, 135, 136, 137.
Percier, n. 274.
Perelle, n. 130.
Perignon (N.), n. 188.
Perrault, n. 264.
Peters (Bonaventure), n. 18.
Peyre, n. 273.
Pierre de Cortone. *Voyez* Berettini.
Pierre (J.-B.-M.), n. 75.
Pillement (Jean), n. 150, 151.
Pontius (Paul), n. 197.
Poussin (Nicolas), n. 42, 128.

R

Raymond, n. 293.
Raoux (Jean), n. 57.
Remi (Guido), n. 6.
Reverdin (Fr.-G.), n. 224.
Ricci, n. 5.
Richomme (Jos.-Th.), n. 221.
Robert (Hubert), n. 79, 80, 166.
Roy (Le), n. 282.
Rubens (Pierre-Paul), n. 13, 14.

S

Seghers (Daniel), n. 112.
Spilman (Henry), n. 120.
Sueur (Eustache Le), n. 49.

T

Taunay, n. 184.
Thulden (Th. Van), n. 17.
Ticleden (Van), n. 23, 24, 25.
Trautmann (G.), n. 35.
Trolly, n. 235.

V

Vanloo (Ch.-And.), n. 149.
— (César), n. 83.
Vasi (Joseph), n. 213, 296.
Velde (Vanden), n. 32.
Vigée (L.), n. 88, 89.

VINCENT (Fr.-Xav.), n. 85, 86, 183.
VITRUVE, n. 264, 265.
VOLPATO (Jean), n. 211, 212.

W

WAILLY (C. DE), n. 173.
WATSON (Caroline), n. 223.
WITTE (Pierre DE), n. 9.
WOLLETT (Guillaume), n. 210.

Z

ZAMPIERI (Dominique), n. 3.

www.ingramcontent.com/pod-product-compliance
Lightning Source LLC
LaVergne TN
LVHW010101230826
846091LV00005B/2036
* 9 7 8 2 0 1 9 9 9 0 2 9 9 *